AF268011

ÉDOUARD PRAMPAIN

L'Artillerie de Saint-Malo

PARIS

HONORÉ CHAMPION

LIBRAIRIE SPÉCIALE
pour l'Histoire de la France et de ses anciennes Provinces.

1905

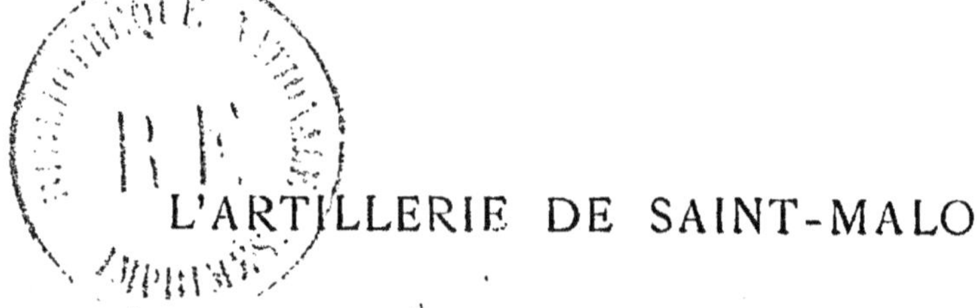

L'ARTILLERIE DE SAINT-MALO

Du même auteur :

SAINT-MALO HISTORIQUE, 1 vol. in-16, illustré.
JACQUES CARTIER, brochure in-16.

Tiré à 100 Exemplaires

AMIENS — IMPRIMERIE PITEUX FRÈRES
Mai 1905

ÉDOUARD PRAMPAIN

L'Artillerie de Saint-Malo

(1611 - 1792)

D'après des documents inédits.

PARIS

HONORÉ CHAMPION

LIBRAIRIE SPÉCIALE

pour l'Histoire de la France et de ses anciennes Provinces.

1905

L'ARTILLERIE DE SAINT-MALO

(1611-1792)

INTRODUCTION

DEUX MOTS SUR L'ANCIENNE ARTILLERIE

Dès la première moitié du xive siècle (1338-1340), on inventa de lancer des projectiles, « de traire garros, » au moyen de la poudre et de *vases à feu, pots de fer* ou *bombardes*.

Ces engins, de formes très variées, furent primitivement fabriqués d'un tube en fer forgé renforcé de barres de fer, assemblées comme les douves d'un tonneau et serrées, de distance en distance, par des cercles de fer. Puis, vers l'année 1377, d'habiles fondeurs de cloches réussirent à couler des bombardes en fer et en bronze. Généralement, ils donnaient à leur pièce une longueur de quatre calibres. — quatre diamètres d'âme, de la lumière à la tranche de bouche, — longueur raisonnable, puisque nous voyons dans nos musées des bombardes de 22 pouces ou 60 centimètres de diamètre. Assez semblable au mortier moderne, la bombarde jetait à 150 pas, tantôt de *plein fouet*, tantôt *en bombe*, de grossiers boulets de pierre. Elle ne servit d'abord que dans les sièges. Son poids était énorme; son tir était fort lent.

On reconnut bien vite l'utilité d'une pièce plus légère, à tir plus rapide, que l'on pourrait déplacer à volonté sur les remparts et mener en campagne. Cette pièce, le *veuglaire*, comprit un tube en fer coulé, destiné à diriger le projectile, et une boîte mobile, contenant poudre et balle, qui se forçait dans un étrier adapté au cylindre. Le chargement par la culasse ne date pas d'hier. Avec un poids de poudre égal aux deux tiers du poids du boulet, le veuglaire, selon sa longueur et sa grosseur, tirait à 200 pas environ des balles de fer pesant de deux à dix livres. Ne seraient-ce pas des veuglaires que les Anglais employèrent à Crécy ?

Au XVe siècle, le bronze ou *fonte verte* remplace ordinairement le fer ; la bombarde s'allonge, devient le *canon;* le canon lui-même s'allonge en *couleuvrine;* le veuglaire disparaît ; couleuvrines et canons se chargent par la bouche. Mais combien divers sont les aspects, combien nombreux et disparates les calibres, combien bizarres les noms des pièces. Il y a des *canons* de 50, des *basilics* de 48, des *dragons* de 45, des *salamandres* de 40, des *serpentines* de 24, des *couleu-vrines* de 20, des *aspics* de 12, des *faucons* de 3 et de 2, des *fauconneaux* de 1, de 3/4, de 1/2 livre de balle. N'oublions pas les *sacres*, peints en blanc, et les *cardinales*, vernies en écarlate, qui lancent de dix livres à une livre de fer ou de plomb. Toutefois, le nom générique de canon commence à prévaloir.

De cette artillerie, la justesse est défectueuse, la portée insignifiante : des *vents* et des *battements* se produisent dans l'âme, les grosses poudres d'alors fusent et ne chassent guère le projectile au delà de 2 à 300 pas. Seule, la grande couleuvrine de trente-trois calibres, bourrée de « poudre subtile », — mélange de soufre, de salpêtre, de camphre, de térébenthine et d'eau-de-vie, — envoie son boulet jusqu'à 700 pas, 535 mètres !

Le XVIe siècle vit quelques réformes : les beaux canons ronds de François Ier, les bonnes couleuvrines à pans de Henri II. Ce roi Henri et le roi Charles IX voulurent unifier l'artillerie. L'ordonnance de 1572, en adoptant les « six calibres de France », réduisit à six le nombre des bouches à feu : le *canon* de 33, la *couleuvrine* de 16 ou 18, la *bâtarde* de 8, la *moyenne* de 3 puis de 4, le *faucon* de 1 puis de 2, le *fauconneau* de 1 livre de balle. Mais l'ordonnance fut mal exécutée.

Pourtant, une fabrication plus minutieuse, une poudre moins mauvaise, augmentèrent les portées,

qui, du fauconneau à la couleuvrine, varièrent de 150
à 800 pas, — 120 à 600 mètres, — *en but en blanc.*

Sur terre et sur mer, l'artillerie des xve et xvie siècles
servait indistinctement. Elle roulait en campagne,
armait les murailles des villes, garnissait les sabords
des navires. Dragons volants, serpentines, faucons,
canons, bâtardes, ont suivi Charles VIII et François Ier
en Italie, Henri II en Lorraine ; ont tonné dans les
batailles, défendu ou ruiné les châteaux-forts. Et les
nefs de France portent, en chasse des couleuvrines ;
en batterie, des cardinales, des sacres, des moyennes.
A la proue des galères, le *coursier* est un basilic de 48
ou un canon de 33 ; le long du plat-bord, pivotent
les fauconneaux.

Louis XIII essaya, sans grand succès, de spécialiser
les bouches à feu en artillerie de campagne, de siège
et de place, de marine et de côtes. Ses successeurs
réussirent mieux. L'artillerie de campagne compta
des canons de 12, de 8 et de 4. L'artillerie de siège
et de place, des canons de 24, de 16, de 12 et de 8.
L'artillerie de marine, une pièce de 48, ensuite aban-
donnée, des pièces de 36, de 24, de 18, de 12, de 8,
de 6 et de 4. L'artillerie de côtes, des pièces de 48,
de 36 et de 24 [1]. Pour la campagne, le métal désigné

---

1. Ces calibres, déterminés par le poids en livres du boulet.
Ils représenteraient actuellement en millimètres : ancien 4,

fut la fonte verte, exclusivement ; pour les côtes, exclusivement aussi, la fonte de fer [1], pour les places et pour la marine, le fer et le bronze.

D'après les ordonnances en vigueur sous Louis XIV et Louis XV, les pièces de marine étaient fondues à raison de 250 livres de métal par livre de boulet. L'âme avait uniformément vingt-deux calibres, ce qui donne, y compris le cul de lampe et le bouton de culasse, cinq pieds cinq pouces au canon de 4 ; six pieds deux pouces au canon de 6 ; six pieds dix pouces au canon de 8 ; sept pieds neuf pouces au canon de 12 ; huit pieds huit pouces au canon de 18 ; neuf pieds neuf pouces au canon de 24 ; onze pieds six pouces au canon de 36. Les pièces de côtes, mesurant vingt-quatre calibres, sont par suite un peu plus longues et un peu plus lourdes.

Toutes ces pièces se chargeaient d'abord *à la cuiller*, c'est-à-dire qu'on y introduisait la poudre à nu au moyen d'un écouvillon terminé par une cuiller ou lanterne. En 1693, l'emploi de la gargousse se généralise.

Sérieux progrès assurément : canons appropriés à

---

84 mil. ; ancien 8, 106 mil. ; ancien 12, 121 mil. ; ancien 18, 145 mil. ; ancien 24, 152 mil. ; ancien 36, 161 mil. ; ancien 48, 192 mil.

1. Dans la terminologie du temps, les mots *fonte verte*, ou simplement *fonte*, signifient toujours le bronze ; le mot *fer*, la fonte de fer ou fer coulé.

leur destination, calibres réguliers, longueurs et poids réglementaires, chargement accéléré.

Les portées, cependant, restent faibles : la poudre de France brûle encore si fusante que, même avec des charges énormes, les grosses pièces de 24, de 36 et de 48 atteignent difficilement des *maxima* équivalents à 1100, 1200 et 1400 mètres actuels. Vers 1738, il est vrai, des perfectionnements introduits dans les poudres permirent un tir effectif à de plus longues distances, 1500, 1800, 2500 mètres, sous les grands angles.

Nos lecteurs, espérons-le, excuseront ces préliminaires arides, mais indispensables, car des couleuvrines, des bâtardes, des moyennes et des faucons, puis des pièces de marine et de côtes composèrent principalement l'artillerie de Saint-Malo : l'artillerie de la Ville et l'artillerie du Roi.

I

L'ARTILLERIE DE LA VILLE

Aussitôt que l'artillerie devint en usage, les villes s'empressèrent d'adopter ce puissant moyen de défense. Toutes voulurent avoir des bombardes, des veuglaires, des couleuvrines, et, pour les servir, un *maître des canons* avec ses *artillers*. Ne fallait-il pas repousser les bandes anglaises, les routiers pillards, les voisins ennemis, les chefs huguenots ou les princes ligueurs ?

Mais, quand finirent les guerres étrangères et les guerres civiles, quand la monarchie régna dans la France unifiée et pacifiée, quand l'État entreprit d'assurer la sécurité générale, le canon fut déclaré « arme du Roy » et les gouverneurs eurent ordre de supprimer, chacun dans sa province, les artilleries municipales. A peine toléra-t-on quatre ou cinq petites pièces pour tirer des salves aux jours de cérémonies publiques.

Seules, les villes possédant le rare privilège de se garder elles-mêmes conservèrent leurs canons de place et de bataille.

Or, parmi ces villes, Saint-Malo tenait le premier rang.

Depuis Jean de Châtillon qui bâtit son enceinte, peut-être même avant, notre cité reçut des princes bretons ce glorieux droit de garde. Le 1ᵉʳ octobre 1374, elle l'obtint du roi de France, Charles V le Sage ; Charles VI le lui confirma lorsqu'elle se donna à lui ; Henri IV, Louis XIII, Louis XIV, le reconnurent, au moins implicitement. Renouvelé en 1774, il était encore, à la veille de la Révolution, officiellement constaté [1].

C'était un avantage et un honneur ; c'était une charge aussi.

Un avantage, car les troupes du roi n'étant affectées qu'à la défense extérieure et n'entrant dans les murs qu'en cas de siège, la ville se trouvait exempte du logement des soldats, trop souvent alors indisciplinés, brutaux et licencieux. Un honneur, car le droit de garde témoignait la confiance du souverain en la bravoure et la fidélité des habitants. Une charge enfin, car il était onéreux pour les bourgeois de s'astreindre

---

1. « Saint-Malo se garde, et les citoyens en sont la seule garnison. » — LE MAIRE A L'INTENDANT DE BRETAGNE, lettre du 6 octobre 1777, Arch. municipales, Copie de lettres BB, 55.

« La Communauté est chargée, par privilège, du soin de défendre la place. » — GRIBEAUVAL A MARINE, lettre du 21 mai 1788, Arch. de la Section technique de l'Artillerie, *Dossier Saint-Malo.*

au service pénible de la milice [1], d'élever et d'entretenir à leurs frais les remparts, d'acheter l'artillerie nécessaire à les défendre.

A quelle époque la Ville eut-elle une artillerie ?

Répondre en indiquant une date précise, avant le début du xviie siècle, serait chose téméraire : les documents écrits font partout défaut.

Néanmoins, du silence des archives, on aurait grand tort de conclure que pendant deux cents années et plus Saint-Malo ne posséda point de canons. Comment admettre qu'une ville riche, indépendante, belliqueuse, constamment menacée dans son commerce, dans ses libertés, dans sa vie, ait si longtemps négligé l'acquisition de ces formidables engins ? Il est donc très probable qu'au xve siècle, sinon déjà au xive, des veuglaires armaient les créneaux de la *porte Saint-Thomas* [2], des bombardes, les murs du *château Gaillard*. Probabilité qui, aux siècles suivants, se fait certitude. En février 1491, un nommé Gauire est élu maître canonnier de Saint-Malo [3]. Et, si la Com-

1. Quatorze compagnies bourgeoises, commandées par autant de capitaines, sous l'autorité d'un connétable, puis d'un lieutenant-colonel.

2. Un veuglaire de l'époque est conservé à l'Hôtel de Ville, Salle de la Société historique.

3. Capitaine Cleret de Langavant, *Documents pour servir à l'histoire de Saint-Malo*, Annales de la Société historique, année 1903, p. 83.

munauté élit un canonnier, c'est qu'elle avait apparemment des canons. Autre preuve, l'achat important de couleuvrines, signalé par l'abbé Manet [1] en 1595.

Ainsi, depuis un temps fort ancien, il existait une artillerie de Saint-Malo ; artillerie, avouons-le, mal connue quant au nombre, au métal, à la désignation des pièces. Nulle clarté sur ce point obscur.

Mais au XVIIe siècle, un très authentique et très curieux inventaire nous renseigne à souhait.

En 1609 ou 1610, Sully, grand maître de l'artillerie, fit dresser un état de « tous canons se trouvant ès places et forteresses de France, qu'ils appartiennent aux Villes ou au Roy. » Selon cet état, achevé en 1611, voici les pièces recensées à Saint-Malo [2].

Deux canons en fonte verte de dix pieds de long,

Trois bâtardes en fonte d'Italie, hors calibre,

Une bâtarde en fonte de Portugal, hors calibre,

Deux moyennes en fonte de huit pieds de long, calibre de France,

Deux pièces rondes de sept pieds de long, l'une en fonte d'Italie, l'autre en fonte d'Angleterre, hors calibre,

Un faucon de huit pieds, à pans,

Cinq grandes couleuvrines en fonte verte, de quinze pieds de long, — magnifiques pièces du calibre 18,

1. *Grandes Recherches*, Ms. Arch. municipales de Saint-Malo.
2. *Collection des 500 de Colbert*, vol. 210, Bibl. nat. Mss.

pesant chacune 6,000 livres, et ornées sur la volée des armes de la Ville [1]. — Il en sera parlé souvent au cours de cette étude.

Total, seize bouches à feu, provenant, sans doute, en partie de l'achat mentionné plus haut. Lors de l'inventaire, ces pièces étaient démontées ; mais elles avaient figuré naguère, — et pouvaient figurer de nouveau, — sur la *Grand'Porte*, l'*Éperon*, le *Poussier-Carré*, la plate-forme des Champs-Vauvert.

De 1611 à 1692, en un laps de quatre-vingts ans, l'artillerie de la Ville fit d'assez lents progrès. S'y adjoignirent seulement, par dons, prises ou achat, quelques fauconneaux ou cardinales en bronze, deux canons de 48, deux canons de 40, « propres à tirer mitraille, » deux couleuvrines de 10, en bronze également [2], et vingt-deux pièces en fer, des calibres 16, 12, 8 et 6 livres de balle [3].

Pourquoi ce faible accroissement ?

Parce que, durant cette longue période, si la guerre de Trente-Ans et la guerre de Hollande embrasèrent

1. DE JAUNAY, *Mémoire du 31 août 1734 concernant la ville de Saint-Malo*, Arch. de la Section technique de l'Artillerie, *Dossier Saint-Malo*.

2. Délibérations du Conseil, octobre 1692, Arch. municipales, registre BB, 16, f°˙ 43 et 45.

3. SAINTE-MARIE ET GARENGEAU, *Mémoire concernant l'état des batteries de la ville de Saint-Malo*, Arch. nat. *marine*, B³ 108, Ponant.

l'Europe continentale, la paix régna entre la France et l'Angleterre. Saint-Malo n'avait donc à redouter d'attaque ni par mer, car les vaisseaux espagnols s'aventuraient peu dans la Manche; ni par terre, car, en ces temps-là, comme aujourd'hui, les débarquements s'effectuaient au moyen d'une flotte. Or, on oublie facilement pendant la paix de préparer la guerre.

Il y eut bien un instant d'inquiétude, lorsqu'en 1674, en plein conflit de la France avec les Provinces-Unies, l'apparition de Ruyter devant Saint-Malo sembla imminente. Sortirent alors de l'Arsenal, pièces anciennes et pièces nouvelles : on monta sur le *Rempart* ou *Cavalier des Champs-Vauvert*, les cinq couleuvrines de 18 ; on amena les deux canons de 48 et deux canons de 16 sur la batterie en construction, depuis appelée *La Hollande* ; le Poussier-Carré, l'Éperon, les tours de la Grand'Porte, reçurent aussi du canon. Cette artillerie aurait-elle arrêté longtemps la flotte hollandaise ?

Heureusement, Ruyter ne vint pas. Les craintes s'évanouirent, et la paix de Nimègue acheva de rassurer les esprits. Le Corps de Ville acheta pourtant des pièces de 8 et de 12 et onze canons de 6 en vente à Rochefort[1].

---

1. De Bennes a Marine, lettre du 15 avril 1682, Arch. nat. *marine*, B³ 39.

Mauvais marché d'ailleurs, les canons de 6 ne valaient
rien (1682).

Douze ans plus tard, s'annoncèrent d'autres dangers.

La Révolution de 1688, en rompant l'alliance des
Stuarts et des Bourbons, avait jeté l'Angleterre dans
la Ligue d'Augsbourg. Conséquences faciles à prévoir : les Malouins allaient courir sus au commerce
ennemi, et l'ennemi vengerait son commerce ruiné
sur la cité corsaire. L'arrivée d'une flotte anglo-
hollandaise poursuivant les vaissseaux de Tourville,
réfugiés, après La Hougue, dans la Rance et dans le
port, fut un premier et salutaire avertissement (juin
1692). Intimidé par les dispositions prises, — batteries,
estacades et pontons armés de canons débarqués, —
l'ennemi n'osa forcer l'entrée. Mais la Communauté
sentit l'urgence de se procurer des pièces nombreuses
et modernes. Un accord intervint entre le maire et
les commissaires royaux : la Ville vendait à la Marine,
au prix de vingt sols la livre, une partie de sa vieille
artillerie de bronze et achetait de la dite Marine une
artillerie en fer, de calibre régulier. Par suite de cet
accord, le 27 octobre 1692, M. de La Corbonnais
remit à M. de Richebourg douze pièces de fonte verte
— canons de 48 et de 40, moyennes, bâtardes, faucons et cardinales, — pesant ensemble 21.944 livres.
En échange, Saint-Malo recevait de Rochefort vingt-
six canons de 24 et onze canons de 18, sortant des

vaisseaux de Sa Majesté, le tout évalué à 17,753 francs. On ne dit pas si Sa Majesté paya la différence.

Mais on dit que cinq pièces de 24 ayant été, par ordre supérieur, affectées au château de La Latte, la Ville ne toucha que vingt-et-un de ces canons[1]. Ce ne fut pas la seule aumône que les « marchands » firent au Grand Roi.

Quoi qu'il en soit, l'achat de 1692 permit de mieux garnir ouvrages et bastions. Les dispositifs d'artillerie établis sur la Grand'Porte, l'Éperon, le fort Collifichet, la plate-forme Saint-François ou Poussier-Carré, demeurent jusqu'à présent inconnus ; mais, sur La Hollande, s'éleva une belle batterie de huit pièces de 24 et de onze pièces de 18, batterie qui, avec les cinq couleuvrines des Champs-Vauvert, constitua la défense du front Nord-Ouest, du front de mer.

Il était temps. Le 26 novembre 1693, une flotte anglaise bombardait Saint-Malo.

L'artillerie de la Ville fit ce qu'elle put ; l'artillerie des forts aussi ; mais, à vrai dire, l'armement se manifesta encore incomplet, inefficace ; et notre cité n'échappa que par miracle à la *machine infernale* et aux bombes des galiottes ennemies[2].

1. Délibérations du Conseil, octobre 1692, document précité, p. 11.

2. Le récit des sièges et bombardements de Saint-Malo dépasserait le cadre de cette étude. — Lire les détails dans

Après ce coup de foudre, tout le monde vit clair. Gouverneur de Bretagne et gouverneur de Saint-Malo, maire et bourgeois de la Communauté, commissaires de marine et ingénieurs s'entendirent et s'unirent pour corriger les défauts qui existaient dans la défense.

Tandis que Chaulnes, Gastines et Vauban s'occupaient des forts [1], la Ville conclut un nouvel achat de canons à la suite duquel six pièces de 36 renforcèrent La Hollande [2]. Quatre-vingts canonniers matelots, soldés par la Communauté, servaient l'artillerie des remparts [3].

Ogée, *Dictionnaire de Bretagne*, article *Saint-Malo*, article *Saint-Cast*; dans La Borderie, *Bombardement des Anglais contre Saint-Malo*; dans l'abbé Paris-Jallobert, *Descente des Anglais à Cancale, 1758*. — Notre *Saint-Malo historique* en donne un assez long résumé.

On peut recourir au même ouvrage pour la situation et la description des portes, tours, bastions, batteries et forts mentionnés dans le présent travail.

1. Voir à la seconde partie, *L'artillerie du Roi*, les mesures proposées et prises à l'égard des forts de mer.

2. SAINTE-MARIE et GARENGEAU, Mémoire précité, p. 11.

3. GASTINES A MARINE, Projet de 1691, Arch. nat. *marine*, B³ 85. — GASTINES A MARINE, Mémoire de mars 1695, Arch. nat. *marine*, B³ 97.

Outre les servants, tirés de la marine, Gastines assignait deux maîtres canonniers sédentaires au Rempart; un à la tour de Bidouane; trois à La Hollande; un au Poussier-Carré, devenu bastion Saint-François; un à l'Éperon. Tous ces ouvrages, et ces ouvrages seuls, étaient donc armés à cette époque.

Il y avait aussi des canons sur les tours de la Grand'Porte,

Grâce aux sages dispositions des officiers du roi, grâce aux sacrifices de la Ville, le second bombardement de Saint-Malo, tenté en juillet 1693 par les Anglo-Hollandais, échoua complètement : le feu des batteries et des forts ayant pris et conservé la supériorité sur le feu de la flotte ennemie.

Cela méritait récompense.

Voulant honorer tant de valeur, Mgr le comte de Toulouse, amiral de France et gouverneur de Bretagne, fit à Saint-Malo un don précieux. C'étaient vingt-quatre pièces de 48 en fer[2] avec leurs affûts : canons tout neufs, aux armes de Bourbon surmontées d'une inscription louangeuse, rappelant la bravoure et les hauts faits des Malouins (1697). De ce cadeau princier, les Malouins eurent beaucoup de gloire et peu de profit. Les ordres de l'Amiral ne destinaient

mais c'étaient des pièces usées ou hors calibre, « bonnes seulement pour tirer à poudre ». — Inventaire des canons et ustensiles de la Ville, 1732. Arch. municipales, registre BB, 26.

De ces tours en effet, ainsi que du Poussier-Carré, se faisaient et se rendaient ordinairement les saluts. — Délibération du Conseil, 4 avril 1674, Arch. municipales, registre BB, 14.

2. Vingt-quatre pièces de 48, et non douze pièces de 36 et douze pièces de 48, comme l'a écrit M. Cunat dans *Saint-Malo illustré par ses marins*. Le savant auteur avait été trompé et nous avait jusqu'ici trompé nous-même. — Messieurs du Chapitre, le maire et la Communauté de Saint-Malo a M Le Peltier. Proposition du 11 juillet 1790. Arch. nat. *marine*, B[3] 108.

que deux ou trois pièces à La Hollande ; les autres furent réparties entre les forts [1]. Et, nous le verrons plus loin, les forts ainsi que leur artillerie étaient propriété du Roi.

Cependant l'année 1697 marqua pour l'artillerie de la ville une période florissante.

La Communauté possédait alors, en plus ou moins bon état, soixante et une bouches à feu, savoir :

Sept pièces en bronze :

> Deux couleuvrines de 10 et les cinq couleuvrines de 18 du Rempart.

Cinquante-quatre pièces en fer :

> Deux pièces de 48,
>
> Six pièces de 36,
>
> Vingt et une pièces de 24,
>
> Onze pièces de 18,
>
> Sept pièces de 12,
>
> Quatre pièces de 8,
>
> Onze pièces de 6,
>
> Deux pièces de 16, hors calibre de marine [2].

---

1. A. DE BOURBON, COMTE DE TOULOUSE, Ordre dans lequel doivent être placés les canons donnés à Saint-Malo. Instruction du 9 mars 1697. Arch. nat. *marine*, B 3 97.

2. Si beaucoup de pièces, ci-dessus énumérées, ne figurent point, en 1697, dans l'état dressé par Sainte-Marie et Garengeau, c'est qu'en septembre 1695, après le second bombardement, Vauban, par mesure d'intérêt général, fit transporter dans les forts vingt-cinq pièces des calibres 24 et 18, tirées de la Ville.

2

Grosses ou petites, ces pièces étaient montées sur affûts marins à crans, à coin de mire et à bas rouage[1]. Les Malouins préféraient ces affûts aux affûts de place, parce qu'il était facile, en cas de besoin, de les remplacer par des affûts empruntés aux arsenaux des armateurs corsaires[2]. L'emploi du système persistait encore après la Révolution.

Fin 1697, la paix de Ryswick amena le désarmement complet des forts et des remparts. Les pièces, démontées, restèrent sur chantiers dans les batteries; les affûts, dont la pluie détériorait les bois, rentrèrent dans les magasins et à l'Arsenal.

— VAUBAN A MARINE, lettre du 18 septembre 1695, Arch. nat., *marine*, B 3 92.

Chose rare, ces pièces furent rendues plus tard à la Communauté.

1. La nécessité d'utiliser ce matériel sur les nouveaux remparts explique la faible élévation donnée par les ingénieurs aux *genouillères* des embrasures. La hauteur de ces genouillères, en effet, varie de 50 à 60 centimètres, tandis que la hauteur réglementaire est de 1 mètre 19. Quand on imagina, dans la suite, d'armer l'angle oriental du bastion Saint-Louis avec des canons pourvus d'affûts à coulisse, on dut abaisser la plate-forme à cet endroit; et quand on voulut, en 1870, placer sur le mur Saint-Vincent des canons de campagne, il fallut exhausser les genouillères.

2. Nos armateurs ne prêtaient pas seulement des affûts, ils prêtaient aussi des canons, de la poudre, des boulets, soit à la Ville, soit au gouvernement. En avril 1695, Cancale fut pourvu d'artillerie fournie par les « négociants ». — VAUBAN A MARINE, lettre d'avril 1695, Arch. nat. *marine*, B 3 92.

Ils en sortiront bientôt.

La succession d'Espagne avait rouvert les hostilités entre la France, l'Angleterre et l'Europe. En avril 1701, on arma d'abord la Conchée et l'Ile Harbour, puis on remit tout en l'état de la dernière guerre [1].

Excellentes précautions. Mais de 1701 à 1713, aucune insulte de l'ennemi ne menaça Saint-Malo. Les Anglais savaient trop combien d'or et de sang coûtèrent leurs attaques précédentes.

Vingt-huit années de paix maritime sous la Régence et sous Fleury.

La cité malouine en a profité pour élargir sa ceinture de pierre. Au Sud-Ouest, la *courtine* et le *bastion Saint-Philippe* ; au Sud, 'a *courtine d'Orléans* et le *bastion Saint-Louis* ; à l'Est, la *courtine de Chartres* ont rejoint la Grand'Porte et le *mur Saint-Vincent* déjà construit. Démoli désormais le Poussier-Carré : démolis le fort Collifichet, l'Éperon, la tour Mouillée.

Durant ces pacifiques années, canons qui armaient les ouvrages abattus et canons qui armaient le front de mer dorment silencieux, côte à côte, couchés sur les remparts de l'Ouest et du Nord. Les meilleurs y attendent le bruyant réveil ; les plus fatigués ne s'éveilleront pas : ils finiront, tôt ou tard, ceux de bronze

1. Saint-Sulpice a Marine, lettre du 3 avril 1701, Arch. nat. *marine*, B [3] 108.

aux fonderies ; ceux de fer au Pot ès Chiens, trans-
formés en bornes amarres ainsi que leurs devanciers[1].

L'inventaire de 1732 reconnaissait propres au
service :

Sur le Cavalier des Champs-Vauvert, deux mortiers
de 12 pouces, en bronze, et les cinq fameuses couleuvrines de 18. Elles sont faibles assurément en justesse
et en portée, les vénérables pièces ; chaque inspecteur
d'artillerie conseille de les vendre[2] ; mais la Ville y
tient à ses vieilles couleuvrines, et les conservera
longtemps encore.

Sur la tour de Bidouane, cinq canons de 8, en fer,

Sur La Hollande, deux pièces de 48, aux armes de
l'Amiral ; cinq pièces de 36, huit pièces de 18, onze
pièces de 12, aussi en fer,

Sur le « bastion d'auprès La Hollande, » bastion
Saint-Philippe, une pièce de 48 en fer, aux armes de
l'Amiral, deux autres pièces de 48 en fer, récemment
acquises, et deux couleuvrines de 10 en bronze.

Puis viennent des bouches à feu usées, détériorées
ou hors calibre :

A la Grand'Porte, les onze mauvais canons de 6 en

1. Ordre de transport de vieux canons de fer au Pot ès Chiens,
1726. Arch. municipales, carton EE, 7.

2. DE JAUNAY, Mémoire précité, p. 11. — Refus de la Ville
à Monbeillard de vendre ses pièces de bronze. Arch. municipales, carton EE, 8.

fer ; cinq sur la tour du Nord, six sur la tour du Sud.

Dans un coin du bastion Saint-Philippe, un canon de 8 aux armes d'Espagne, égueulé, et une couleuvrine de 8, ces deux pièces en fonte verte ; dans le magasin de La Hollande, trois canons en fonte d'Espagne et trois belles bâtardes en bronze, « bonnes pour tirer saluts[1]. » Ces trois dernières pièces, vraisemblablement l'hommage de Duguay-Trouin à son cher Saint-Malo, les couleuvrines bâtardes, qui reviendront bientôt en question.

On voit par cet inventaire que les pièces de 24 et de 18, empruntées à la Ville, demeurent dans les forts ; qu'il n'y a pas de canon au mur Saint-Vincent, pas de canon au bastion Saint-Louis. Le front de mer, seul, est en mesure d'être armé.

Le jour approche où il faudra se préoccuper du front de terre.

Nous sommes en 1755. Une guerre avec la Grande-Bretagne semble inévitable. Et les esprits clairvoyants prédisent que, pendant cette guerre, l'Anglais descendra sur les côtes bretonnes, sur les rivages du Clos-Poulet. Ils traçaient même l'itinéraire de l'invasion[2].

---

1. Inventaire des canons et ustensiles de la Ville, 1732, Arch. municipales, registre BB, 26.

2. MARQUIS DE CARAMAN, Mémoire sur la Bretagne, 1756, Bibl. de l'Arsenal, Mss., carton 6,458, pièce 2,024ᵇ.

Alors les Malouins se préparèrent à combattre des
deux mains. Tout le cercle des murailles se hérissa de
soixante-deux bouches à feu, — car les forts, suffi-
samment pourvus, restituèrent aux remparts les canons
des remparts. Du côté de la rade, on remit en batterie
les mortiers et les couleuvrines des Champs-Vauvert.
La Hollande, estimée désormais notre boulevard,
reçut cinq pièces de 18, sept pièces de 36, huit pièces
de 24. Dans les embrasures du bastion Saint-Philippe,
deux pièces de 36 battaient les abords de Dinard ;
six pièces de 24, les abords de La Cité et des Sablons.
Sur le bastion Saint-Louis, huit pièces de 24, — aux-
quelles succédèrent huit canons de 8, plus maniables,—
et, sur la Grand'Porte, cinq canons de 8, également,
surveillaient les chaussées des grèves. Du côté du
Sillon, au mur Saint-Vincent, trois pièces de 12 et
sept pièces de 8 remplacèrent les canons de 6 avariés
qui, descendus des tours de la Grand'Porte, se rouil-
laient là pour la montre ; enfin, du fort La Reine,
— l'ancien « fort inutile » heureusement exhaussé, —
quatre pièces balayaient les plages de Saint-Thomas
et de Malo [1].

1. CHEVALIER MAZIN, Mémoire sur l'artillerie de Saint-Malo,
1754, Bibl. de l'Arsenal, Mss., carton 6,460, pièce 2,071. —
MARQUIS DE CARAMAN, Mémoire précité, p. 21. — ANONYME,
Inventaire de l'artillerie des forts de la rade, de Saint-Malo
et de la côte, 1744-1759, Arch. de la marine, Saint-Servan,
D 4, liasse.

Ce fut devant le feu de cette artillerie qu'en 1758, les armées de Marlborough et de Bligh se retirèrent : l'une pour se rembarquer à Cancale (juin), l'autre pour succomber à Saint-Cast (septembre).

Dernier triomphe ! Au lendemain de la victoire, l'artillerie de la Ville commence à décliner. Le roi l'accapare. Qu'il réclame et récupère les canons de 8, qui sont sortis de ses arsenaux[1], c'est justice ; mais il réquisitionne des canons de 12 et de 24 qui jamais ne lui appartinrent. En 1759, pièces de 8, de 12 et de 24 pour Brest, pièces de 12 pour Nantes ; en 1760, pièces de 24 pour Granville[2]. Et tandis que le nombre de nos canons diminue, leur qualité ne diminue pas moins : le temps joignait aux mains-mises royales son œuvre destructive.

Si bien que, durant la guerre d'indépendance américaine, lorsqu'en février 1778, arriva l'ordre d'armer les remparts, le maire de Saint-Malo écrivit : les fronts

1. Sur les vingt-quatre pièces de 8 qui armaient le front de terre, en 1758, dix-neuf ne sont mentionnées, ni dans l'inventaire de 1732, ni dans le mémoire du chevalier Mazin (1754). Selon toute apparence, elles furent prêtées par la Marine, en 1758, aux premiers bruits des approches anglaises.

Nous ne savons pourquoi des huit pièces de 18 et des onze pièces de 12 que possédait la Ville, en 1732, trois pièces de 12 seulement furent utilisées.

2. Ordres et lettres de transport, Arch. municipales, carton EE, 7.

de mer peuvent être armés et le sont déjà ; mais pour
défendre la terre, les moyens manquent : beaucoup
de nos pièces ont été mises au rebut ; il faut cinquante-
trois canons pour toutes les batteries, et vingt-huit
seulement restent en état. Le maire exagérait sans
doute un peu. Cependant il offrait « d'aller aux
extrémités », c'est-à-dire de sacrifier le vieux bronze,
— vieux souvenirs et vieux trophées, — pour acheter
des canons de fer neufs. Sur la réponse que le roi
prendrait le métal à vingt sols la livre, la Ville vendit
au ministre de la guerre, prince de Monbarey, 13,815
livres de bronze [1], provenant de cinq canons ou couleuvrines en fonte verte d'Espagne, condamnés depuis
le dernier inventaire [2]. Les 13,815 francs furent-ils
payés ? Les pièces de 8, dont on manquait, furent-elles
acquises ? En fut-il emprunté au célèbre négociant
Beaugeard, qui ouvrait généreusement son arsenal ?
Nous penchons pour l'emprunt ou pour l'absence d'un
achat quelconque, aucune pièce de 8 ne figurant au
procès-verbal de remise, en 1792.

Ce qui est certain, c'est qu'en 1788, M. de Gribeauval, d'après les rapports des inspecteurs, déclarait

1. LE MAIRE DE SAINT-MALO A M. DE LA ROZIÈRE, lettre du
27 février 1778. — LE PRINCE DE MONBAREY A LA VILLE, lettre
de mars 1778. — LE MAIRE AU PRINCE DE MONBAREY, lettre du
28 avril 1778, Archives municipales, Copie de lettres, BB, 55.
2. Inventaire de 1732, précité p. 21.

l'artillerie de la Ville dans une infériorité absolument inquiétante.

Afin d'y remédier, le grand artilleur proposait un plan très vaste.

Selon lui, la sûreté d'une place importante, telle que Saint-Malo, exigeait des canons très nombreux, de calibre uniforme et de récent modèle. Gribeauval aurait voulu sur nos murailles ou dans nos magasins, quarante-cinq pièces de 24, vingt-trois pièces de 12, six pièces de 8.

Il admettait que la Ville, alors très obérée, n'avait pas la finance nécessaire à l'achat d'un matériel si considérable ; mais elle possédait en pièces de fonte hors de service, — bâtardes de Duguay-Trouin, couleuvrines et mortiers des Champs-Vauvert, — environ 60,000 livres de bronze, plus 400 milliers de vieux fer. Sa Majesté aurait le bronze ; la ferraille serait envoyée aux Forges d'Indret et convertie en canons neufs de fer coulé : le canon de fer, aussi bon que le canon de bronze, était peu cher et facile à remplacer[1].

La Révolution fit oublier le projet de Gribeauval.

Que devint sous le régime nouveau l'artillerie de la Ville ? Que devinrent les canons de bronze ? Que devinrent les canons de fer ?

L'abolition des privilèges pour les individus en-

----

1. Gribeauval a Marine, lettre précitée, p. 8.

traînait fatalement l'abolition des privilèges pour les
Communautés. Derniers vestiges d'autonomie, droit
de garde, propriété des remparts et des canons payés
et défendus par les habitants, tout cela était fini,
supprimé, perdu. La cité allait disparaître dans la
nation. Les Malouins le savaient. Dès lors, mieux
valait céder avantageusement ce qu'on ne pouvait
conserver. Les antiques couleuvrines de fonte verte
qui, depuis deux siècles, armaient et ornaient le Cavalier des Champs-Vauvert furent sacrifiées. Après un
voyage à la Conchée [1], elles venaient d'être déposées
sur La Hollande. En 1734, l'inspecteur De Jaunay les
estimait déjà défectueuses [2]. En 1791, elles n'étaient
plus bonnes qu'à meubler un musée. Nos édiles hési-
taient cependant. Mais l'État, manquant de pièces de
bataille pour la campagne prochaine, demandait, cher-
chait partout du bronze. Moitié par besoin d'argent,
moitié par patriotisme, la Ville vendit au département
de la guerre les couleuvrines et deux mortiers, pesant
ensemble 49,188 livres [3], ce qui, au prix courant de
vingt sols la livre de bronze, représentait 49,188 francs.
Si cette transaction satisfit le patriotisme des Malouins,

1. Lettre de transport, Arch. municipales, carton EE, 7.
2. DE JAUNAY, Mémoire précité, p. 11.
3. Délibération du Conseil, 8 juillet 1791. — Le registre
contenant cette délibération, — février-août 1791, — manque
aux archives.

elle ne remplit guère la caisse municipale : d'aucun versement de fonds fait, à cette époque, par l'État, il ne subsiste trace.

Restaient, sur le mur Saint-Vincent, trois pièces de bronze, les couleuvrines bâtardes, fiers témoins de victoire, dont Duguay-Trouin, jadis, honora sa ville natale. Les vendrait-on, celles-là ?

On ne les vendit pas ; mais elles disparurent tout de même.

Au commencement de 1792, un ordre arriva soudain, réquisitionnant pour le service de La Martinique, l'artillerie de bataille, — quatre petits canons de bronze, — existant à Saint-Malo. Il fallut obéir. Et, comme, en ces temps de troubles intérieurs, quelques pièces de campagne semblaient indispensables ; comme d'autre part les fonds manquaient, le Directoire de district et le Conseil décidèrent que les trois couleuvrines de Duguay-Trouin, pesant chacune 2,225 livres, seraient refondues en six canons de 4, destinés à la Garde nationale. Ces trois couleuvrines devaient d'abord être envoyées aux fonderies de Douai ; puis le Conseil, se ravisant, les fit conduire aux forges de Rennes, chez le sieur Lecourant [1]. Sept ou huit mois après, celui-ci remit à la Ville six jolies pièces de bronze. L'inscrip-

---

1. LE MAIRE DE SAINT-MALO A M. COURANT *(sic)*, lettre du 21 juin 1792. Arch. municipales, copie de lettres du mois susdit, registre D, 2, LL, 38.

tion : *Duguay-Trouin à la ville de Saint-Malo,* rappelait leur origine.

Tout lasse et tout passe. La Révolution passa ; la Garde nationale, aussi. Les six canons qui avaient appartenu aux bataillons de Saint-Malo, quoique propriété manifeste de la Ville, furent considérés propriété de l'État et relégués au bastion de La Hollande. Ils s'y trouvaient encore vers 1852, couchés par terre, près du corps de garde. Transportés de cet endroit au Château, ils n'en sortirent, — à quelle date, on l'ignore, — que pour être fondus à leur tour. Un seul échappa. Le gouvernement voulut bien le laisser en souvenir au Musée. C'est la pièce qui se trouve aujourd'hui à la Mairie, dans la Salle de la Société historique [1].

Voilà quel fut le sort de nos canons de bronze.

Quant à nos canons de fer, voici le sort qui leur était réservé.

Le 24 juin 1792, M. Lajard, ministre de la guerre,

---

1. Pièce de 4, en bronze vert ; diamètre d'âme, 84 millimètres ; poids, 500 kilogrammes. Volée ornée de palmes, près de la lumière, l'inscription : *Duguay-Trouin à la ville de Saint-Malo;* près du bourrelet, le nom de la pièce, *La Liberté;* sur le ruban de culasse, le nom du fondeur, *Lecourant F.,* à *Rennes.*

Ce canon n'est donc pas une des couleuvrines données à Saint-Malo par Duguay-Trouin, mais un canon fondu avec le bronze de ces couleuvrines.

prescrivit d'estimer sans retard les bouches à feu, fers coulés, attirails, armements, munitions, qui, ayant appartenu autrefois à la Ville de Saint-Malo, sont, dès ce jour, à la disposition du département de la guerre. En vertu de l'injonction ministérielle, une commission [1], accompagnée de deux experts assermentés, se rendit dans les batteries et dans les magasins, afin d'y compter, vérifier, évaluer le susdit matériel.

Malgré les réquisitions, envois, prêts, ventes, échanges, mentionnés précédemment, la Ville comptait encore, à cette époque, cinquante-cinq canons et deux mortiers de fer [2], approvisionnés de leurs projectiles, beaucoup de ces projectiles ainsi que plusieurs de ces pièces, hors de service, il est vrai. Aussi recensement et expertise durèrent longtemps, près de cinq semaines (1er juillet-6 août 1792).

Furent rejetées comme mauvaises, dix-sept pièces, savoir :

1. Elle était composée: pour la Ville de M. Chifoliau, officier municipal, et de M. Bonissent, fils, procureur de la Commune; pour l'État, de M. Dudezerseul, commandant du génie, et du capitaine Savournin, commandant l'artillerie de la place.

2. Il y eut soixante et onze bouches à feu recensées; mais, sur ce nombre, cinq pièces de 8, quatre pièces de 18 et cinq mortiers de bronze furent reconnus appartenir aux arsenaux de la Guerre ou de la Marine, et non pas à la Ville.

Quatre pièces de 18,

Une pièce de 8,

Onze pièces de 6,

Une pièce de 4,

Quarante bouches à feu furent déclarées bonnes, conservées par l'État, estimées à raison de 189 francs le millier de fer, et cotées comme il suit :

Cinq pièces de 48 . . . .   9,828 fr. ou liv.

Cinq pièces de 36 . . . .   6,615 »

Douze pièces de 24 . . .   12,700 » 16 sols.

Neuf pièces de 18 . . . .   7,654 »

Six pièces de 12 . . . .   3,742 »   4 sols.

Une pièce de 4 . . . .   311 »   4 sols.

Deux mortiers de 12 pouces   3,496 »

Chiffres qui, joints à l'évaluation d'environ 7,000 bombes, boulets de tous calibres et autres objets, représentaient la somme de 66,026 francs 13 sols[1].

Donc aveu de propriété, expertise, accord, promesse de paiement. Sur la foi du contrat, le 6 août 1792, le procès-verbal étant signé des deux parties, la Ville remit à l'État ses canons et effets d'artillerie ; l'État en prit possession et... la spoliation fut consommée, car jamais l'État ne paya le prix convenu[2].

1. Procès verbal de la remise et de la réception des effets d'artillerie de la ville de Saint-Malo, 6 août 1792, Arch. municipales, H, 2, LL.

2. Saint-Malo était en même temps dépossédé de ses terrains, murailles et fortifications militaires, convertis en pro-

Certes, les revendications ne manquèrent pas, immédiates, continues, pressantes.

Dès le mois d'octobre 1792, la Municipalité réclamait au citoyen Servan, ministre de la guerre, 66,026 livres, 13 sols, somme à laquelle l'artillerie de la Ville venait d'être évaluée [1]. Cinq ans plus tard (décembre 1799), la Municipalité présentait à Son Excellence le ministre des finances un mémoire explicatif demandant liquidation, de la part du gouvernement, d'une somme de 1,048,727 livres, 7 sols, 2 deniers, due à la Ville pour cession par elle faite à l'État de ses murs, fortifications et canons [2]. En 1830 enfin, M. de Bizien, maire de Saint-Malo, renouvelait, avec nombreuses preuves à l'appui, les réclamations précédentes [3].

Justes réclamations qui demeurèrent sans effet. Les particuliers restituent quelquefois, quand ils

priété nationale. L'estimation atteignit le chiffre de 994,353 livres, 16 sols, 9 deniers, somme qui, non plus, ne fut jamais payée.

1. LE MAIRE DE SAINT-MALO AU CITOYEN SERVAN, lettre du 8 octobre 1792, Arch. municipales, Copie de lettres de la dite année, registre D, 2, LL, 38.

2. Mémoire du 3 décembre 1799, Arch. municipales, pièce non classée. — De 1789 à nos jours, le classement des archives n'est pas terminé.

3. LE MAIRE A M. DE BOISHAMON, sous-préfet de Saint-Malo, lettre du 18 février 1830. Arch. municipales, Copie de lettres de la dite année, registre non classé.

peuvent ; l'État, monarchie ou république, restitue quand il veut, et il ne veut pas souvent.

Une fois nationalisée, l'artillerie de la Ville, non seulement cessa d'exister comme artillerie municipale, mais cessa peu à peu d'armer les remparts. Plusieurs pièces de 36 cédées à la Marine, furent remplacées par des canons de 24 appartenant à la Guerre, — Saint-Malo' relevant exclusivement désormais de ce département. — Les pièces de petit calibre, trop vieilles ou trop rongées de rouille furent plantées sur les quais en guise de bornes amarres. Les autres, conservées plus ou moins longtemps en batterie, finirent par être acheminées aux fonderies de l'État. De ce nombre, les beaux canons de 48, don glorieux du comte de Toulouse. En 1832, le ministre de la guerre les fit enlever, tant sur les forts que sur nos bastions, sans même en léguer un seul à la Ville, pour témoigner de ses anciens exploits.

Et pourtant, aujourd'hui encore, plus d'un bon Malouin nourrit l'espoir de retrouver et de recouvrer quelques-uns des canons perdus. Les pièces de 24 en bronze, aux fines moulures, à l'écusson du Roi Soleil, qui naguère allongeaient leur cou luisant dans les embrasures de La Hollande, près des grands escaliers, n'avaient-elles pas envoyé des boulets aux galiottes anglaises ? Et les couleuvrines qui gisaient, il y a quelque quarante ans, au flanc oriental du même ouvrage, ces longues couleuvrines en fonte verte dont des dragons tortueux enlaçaient la culasse, dont les devises étrangères indiquaient la provenance, n'avaient-elles pas, conquises par Duguay-Trouin, vibré en maint combat avant de vibrer sans gloire sous le caillou des enfants? Ou bien, n'étaient-ce pas nos vieilles couleuvrines du Rempart qu'en l'année 1611, recensaient déjà les agents de Sully?

Non, car les couleuvrines du Rempart ou des Champs-Vauvert furent, on vient de le voir, vendues en 1791; et les couleuvrines de Duguay-Trouin, fondues l'année suivante. Non, car nulle pièce de 24 en bronze n'a été reconnue propriété de la Ville, au procès-verbal de 1792.

D'où venaient-ils donc ces canons fleurdelisés? On ne sait; du Château peut-être. D'où venaient-elles ces couleuvrines au cuivre sonore? On ne sait pas non plus; peut-être d'un ancien fort désarmé, peut-être des chantiers d'un ex-armateur corsaire. Et où sont allées ces pièces superbes? Aux galeries d'un brocanteur [1], à la fonte [2], à l'oubli.

1. En l'une de ces galeries, à Paris, nous avons remarqué deux pièces de bronze du calibre 24, en tout semblables aux trois pièces qui jusqu'en 1855, peut-être après, se trouvaient en batterie sur La Hollande : mêmes moulures, même écusson martelé ; et, signe particulier, la sentence *Ultima ratio Regum* pareillement transformée en *Ultima ratio Legum*.

2. Dans les jours qui suivirent la Révolution du 4 septembre

Qu'importe, après tout, puisqu'il est démontré que ni les canons, ni les couleuvrines qu'admirait notre jeunesse n'avaient pu appartenir à l'artillerie de la Ville? Ce n'étaient point *nos* couleuvrines, ce n'étaient point *nos* canons.

Ici pourrait, à la rigueur, finir cette étude.

Elle sera cependant utilement complétée par quelques pages sur l'artillerie du Roi.

1870, les couleuvrines aux dragons furent enlevées de La Hollande et dirigées, dit-on, sur Paris. Il est douteux qu'elles y soient parvenues, car, dès le 17 septembre, Paris était bloqué. En tout cas, elles n'existent en aucun musée, ni à Vincennes, ni à Saint-Thomas d'Aquin, ni aux Invalides. Il est même certain qu'elles n'ont jamais paru dans cet Hôtel. Le registre des entrées n'en fait pas mention.

Conclusion, si ces couleuvrines, impropres à tout service, arrivèrent à Paris, elles y furent refondues en canons modernes ; si elles subirent en route un changement de destination, elles furent fondues en province.

II

L'ARTILLERIE DU ROI

« Le Château est au Roi... tous les forts extérieurs appartiennent à Sa Majesté ; leur artillerie et leur entretien est privatif au Roi[1]. »

Ces trois lignes établissent clairement la situation.

En effet, tandis que l'enceinte de Saint-Malo, bâtie et entretenue aux frais de la Communauté, était armée de canons achetés par la Communauté ; le Château et les forts de mer, bâtis et entretenus aux frais du Trésor royal, étaient armés de canons payés aussi par ce Trésor. Il y avait l'artillerie de la Ville, il y avait l'artillerie du Roi.

Règle générale, les deux artilleries, loin de se confondre, demeuraient jalousement distinctes.

Mais, comme aux jours de bataille, ainsi que l'artillerie de la Ville, grondait l'artillerie du Roi, son histoire est bien un peu l'histoire de l'artillerie de Saint-Malo.

1. LE MAIRE DE SAINT-MALO A L'INTENDANT DE BRETAGNE, lettre du 8 octobre 1777, Arch. municipales, Copie de lettres, BB, 55.

Et nous passerons rapidement en revue les divers armements du Château et des forts.

LE CHATEAU

A peine achevé, le Château fut certainement muni d'artillerie. Au *Gros Donjon* lui-même, sa partie très ancienne, on voit des *canonnières* destinées à recevoir veuglaires ou fauconneaux. Et, dans les embrasures casematées de *La Quic en Groigne*, — les embrasures de la duchesse Anne, — des couleuvrines inspiraient aux fiers bourgeois la crainte et l'amour de leur suzeraine.

Toutefois, sur l'artillerie du Château, de même que sur l'artillerie de la Ville, le premier document précis que l'on connaisse, se trouve dans l'inventaire dressé par ordre de Sully [1].

D'après cet inventaire, le Château possédait en 1611 et, sans doute, auparavant :

Une grande couleuvrine de douze pieds de long, calibre de France, soit de 16 livres de balle,

Deux couleuvrines bâtardes de douze pieds, calibre de France, soit de 7 livres 1/2 ou 8 livres,

Deux bâtardes rondes, hors calibre,

Trois moyennes, calibre de France, soit de 3 livres,

Huit faucons à pans et onze fauconneaux, de 2 livres à une livre,

1. Inventaire précité, p. 10.

Le tout en fonte verte.

Rien, par malheur, n'indique, en l'inventaire, l'emplacement de cette artillerie. On peut supposer néanmoins que, pendant la Ligue, la couleuvrine de 16 battait, du haut de *La Générale*, les abords du Fief, et qu'à cette lourde pièce, les conjurés de 1590 attachèrent leur échelle de corde. On peut s'imaginer les bâtardes aux embrasures de La Quic en Groigne, les moyennes et les faucons sur les tours des *Dames* et des *Moulins*, les fauconneaux dans les canonnières des courtines et du Donjon. Hypothèses, mais hypothèses vraisemblables.

De 1611 à 1701, pas même à l'époque des deux bombardements, ni le nombre, ni le calibre des pièces ne fut sensiblement modifié. Voici comment Sainte-Marie et Garengeau[1] qualifient les bouches à feu, de service au Château vers 1697 et 1700.

Une pièce de 16,

Deux pièces de 8,

Deux pièces de 5,

Une pièce de 3,

Six pièces de 2, onze pièces de 1.

C'est bien exactement l'artillerie de 1611. Les noms seuls ont changé : la grande couleuvrine est devenue la pièce de 16 ; les bâtardes de douze pieds,

1. Mémoire sur l'état des batteries du Château et des Forts, Arch. nationales, *marine*, B³ 108, Ponant.

les pièces de 8 ; les bâtardes rondes, les pièces de 5 ;
une des moyennes, la pièce de 3. Dans les pièces de
2 et de 1, se retrouvent les faucons à pans, de 2 livres,
et les fauconneaux.

Que pouvait une si faible artillerie contre les flottes
anglaises? Les canonniers du Roi montèrent la pièce
de 16 sur la tour des Dames et mirent en batterie,
aux nouvelles embrasures de *La Galère* quatre canons
de 12 en fer, prêtés par la Marine. Du bruit, de la
fumée, quelques éclats de bois, fut tout l'effet pro-
duit (1693, 1695).

Garengeau et Sainte-Marie s'émurent. Ils deman-
dèrent énergiquement que l'on remplaçât ces canons
surannés par huit pièces de 24, trois pièces de 16 et
quatre pièces de 12, nouveau modèle [1].

On tint compte de leurs réclamations... plus tard.

Vers 1758, les mémoires et inventaires signalent,
en effet : sur la tour des Dames, trois pièces de 36
en fer, deux pièces de 24 en bronze ; sur La Galère,
quatre pièces de 24, au front de mer, trois pièces de
8, au front de terre ; sur la tour des Moulins, une
pièce de 24 et une pièce de 16 en bronze ; sur La
Générale quatre pièces de 12 en fer [2]. Ce dispositif

---

1. Mémoire sur l'état des batteries du Château, précité,
p. 37.

2. Inventaire anonyme de l'artillerie des forts et Mémoire
du chevalier Mazin, précités, p. 22.

d'artillerie contraria beaucoup la première descente des Anglais : le canon des tours arrêtant net sur le Sillon les reconnaissances ennemies (juin 1758).

De cette époque à la Révolution, l'armement du Château parait avoir très peu varié.

Il subit alors un remaniement considérable dont nous n'avons point à nous occuper ici.

LES FORTS DE MER

Lorsqu'en 1689, l'adhésion de l'Angleterre à la Ligue d'Augsbourg menaça la France d'une guerre maritime et nos ports bretons de « pilleries et bombarderies », Louis XIV, inspiré par Vauban, ordonna de construire en mer, devant Saint-Malo, des forts détachés qui protégeraient la belliqueuse et opulente cité.

Aussitôt, les travaux commencèrent sur les îlots voisins : l'*Islet*, la *Conchée*, les *Bés*, l'*Ile Harbour*.

Dure et longue besogne. A l'Islet, aux Bés, où l'on abordait de mer basse, si l'œuvre avançait assez vite, les choses allaient autrement à l'Ile Harbour, à la Conchée, où maçons et matériaux devaient être amenés sur force gabarres[1]. Bref, après quatre ans passés, le fort de l'Ile Harbour manquait de plates-formes, celui du Petit Bé manquait de parapets, le

---

1. DE BENNES A MARINE, lettre du 21 mars 1691, Arch. nat. *marine*, B^a 63.

château du Grand Bé s'arrêtait au cordon [1], le fort
de la Conchée sortait de terre à peine ; seul le fort
de l'Islet ou fort Royal semblait à peu près terminé.
Par conséquent, pas de canon à la Conchée, à l'Ile
Harbour au Grand Bé ; pas de mortiers, sauf à l'Islet,
où M. de Gastines venait d'en faire monter deux au
saillant Nord [2] ; ni canonniers, ni bombardiers nulle
part [3]. Tel était l'état des forts de mer, quand, fin
novembre 1693, une flotte anglaise bombarda Saint-
Malo.

La ville, avons-nous déjà dit, n'échappa que par
miracle au fer et au feu.

Nombreux alors furent les projets de défense. Les
mémoires et les lettres se succédaient. Il fallait armer
le Grand Bé, achever les forts en hâte, placer· dans
chacun, au moins quatre pièces de 48 avec deux
mortiers ; enfin, construire au plus tôt une batterie à
la pointe de Rothéneuf. On assurerait le service de
ces ouvrages en établissant au Château une grosse

1. Les murs de ce fort, bientôt abandonné, ne s'élevèrent
jamais plus haut. — MARQUIS DE CARAMAN, Mémoire précité,
p. 21.

2. GASTINES A MARINE, lettre du 24 mai 1693, Arch. nat.
marine, B³ 75.

3. Lors du premier bombardement, les canons et mortiers
du fort Royal furent servis par des volontaires malouins et
par des capitaines corsaires, en relâche dans le port. — *Journal
du corsaire Jean Doublet, de Honfleur*, Paris 1884.

garnison qui ferait des détachements de 60 à 70 hommes en chaque endroit [1].

Les donneurs d'avis, cette fois, ne se contentèrent pas d'écrire.

Vauban agit avec promptitude et vigueur. Il fit venir de Brest vingt pièces de 36 et quinze pièces de 18, de 12 et de 8 ; il fit creuser la batterie avancée du Grand Bé, élever à Rothéneuf, en gazon et en fascines, la redoute de l'*Arboulé*, presser les travaux de la Conchée, pourvoir les mortiers de bombes et les canons, de « boulets à deux têtes [2] ».

Dans les derniers jours de juin 1695, Vauban et Gastines avaient placé sur les forts trente pièces de gros calibre et onze mortiers, ainsi répartis :

A l'Islet, six pièces de 36, une pièce de 18, deux mortiers,

Au Grand Bé, quatre pièces de 24, deux mortiers,

Au Petit Bé, quatre pièces de 36, deux mortiers,

A l'Ile Harbour, deux pièces de 36, deux mortiers,

A la Conchée, cinq pièces de 36, cinq pièces de 24, deux pièces de 18, un mortier,

A l'Arboulé, quatre pièces de 36, deux mortiers [3],

1. Duc de Chaulnes a Marine, Mémoire du 13 décembre 1693, Arch. nat. *marine*, B3 79. — Gastines a Marine, lettre du 18 avril 1694, Arch. nat. *marine*, B3 82.

2. Gastines a Marine, lettre du 17 juillet 1695, Arch. nat. *marine*, B3 95.

3. Vauban a Marine, lettre du 22 juin 1695, Arch. nat.

Les Anglais pouvaient venir.

Ils vinrent et furent vaincus. Les pièces casematées de la Conchée, les mortiers du Grand Bé et de l'Arboulé avaient fait prodiges.

Mais Vauban n'était pas de ceux qu'endort le succès. Le bombardement de 1695 démontrait l'importance et l'utilité des forts; Vauban voulut augmenter l'armement des forts. Au mois de septembre, il y faisait porter vingt-quatre ou vingt-cinq pièces de 24 et de 18, prises à Saint-Malo[1]; en octobre, il se réjouissait de compter dans les défenses extérieures quarante gros canons et douze mortiers[2]. En février 1697, le présent de l'Amiral, comte de Toulouse, combla ses désirs. Suivant les instructions du prince, sur les vingt-quatre pièces de 48 offertes aux Malouins, vingt-deux furent, on le sait, affectées aux forts du roi[3], qui mirent alors en batterie :

L'Islet, six pièces de 48, dix pièces de 36, une pièce de 18, une pièce de 12 et, dans les embrasures ayant vues sur la grève, six pièces de 4,

marine, B³ 95. — GASTINES A MARINE, lettre du 22 juin 1695, même cote.

1. VAUBAN A MARINE, lettre du 18 septembre 1695, précitée, p. 18, note.

2. DU MÊME, lettre du 3 octobre 1695, Arch. nat. marine, B³ 92.

3. A. DE BOURBON, COMTE DE TOULOUSE, Instruction du 9 mars 1697, précitée, p. 17. — Plus tard, en 1732, une troisième pièce de 48 fut attribuée à la Ville.

Le Grand Bé, quatre pièces de 48, quatre pièces de 36, quatre pièces de 24, six mortiers,;

Le Petit Bé, quatre pièces de 48, six pièces de 36, cinq pièces de 24,

L'Ile Harbour, deux pièces de 36, six pièces de 24, quatre pièces de 18,

La Conchée, cinq pièces de 48, dix pièces de 36, quatre pièces de 24, deux mortiers,

L'Arboulé, trois pièces de 48, trois pièces de 36, quatre pièces de 24, trois mortiers,

A l'Ouest de la baie enfin, deux pièces de 36, une pièce de 18, une pièce de 16, armèrent l'ancien château de La Roche Goyon, acheté par Louis XIV et remanié par Vauban sous le nom de *La Latte* [1].

Sans compter les batteries provisoires de Césembre, de Dinard et de La Cité, sans compter les batteries à bombes, cent-un canons de fer, montés sur affûts peints en rouge [2], montraient leur volée noire aux embrasures des forts de mer.

Et, attendu que, malgré la phrase célèbre, les canons ne partent pas tout seuls, M. de Gastines avait organisé une brigade de pointeurs, — six bom-

1. SAINTE-MARIE ET GARENGEAU, Mémoire du 6 novembre 1701, concernant l'état des batteries des forts en 1697 et 1701, Arch. nat. *marine*, B³ 108.

2. SAINT-SULPICE A MARINE, lettre du 15 juin 1701, même cote.

bardiers et cinquante canonniers du roi, — encadrant, en temps de guerre 850 canonniers miliciens. De plus, les canonniers matelots de la Ville servaient au besoin les batteries des Bés, de l'Ile Harbour et de l'Arboulé. C'était le projet de 1695 amélioré et exécuté.

Reprenant les idées de Chaulnes, Gastines assurait aussi la garnison permanente des forts en casernant 250 mousquetaires au Château et en faisant camper à Paramé six compagnies du régiment d'Oléron. Le Château détachait un lieutenant et cinquante hommes à Césembre, un lieutenant et trente hommes à l'Islet, un lieutenant et trente hommes au Grand Bé. Le camp de Paramé fournissait des pelotons de trente soldats, commandés chacun par un lieutenant, à la redoute de l'Arboulé, aux forts de la Conchée, du Petit Bé, de l'Ile Harbour [1].

La paix de Ryswick rendit inutile cet armement formidable.

Si formidable qu'il fût, l'armement de 1697 parut à plusieurs insuffisant encore.

Au mois de juillet 1700, à la veille de la terrible guerre que laissait prévoir la succession d'Espagne, M. de Saint-Sulpice, successeur de Gastines, adressait au secrétaire d'État Pontchartrain un mémoire

---

1. GASTINES A MARINE, lettre du 10 juin 1697. Arch. nat. *marine*, B³ 97.

« sur ce qui est nécessaire à la sécurité de Saint-Malo », mémoire qui vaut la peine d'être ici résumé : il devançait son temps.

Saint-Sulpice demandait : l'emploi unique du gros calibre dans les forts, une batterie sur le Décollé, une tour de réduit et de bonnes batteries à Césembre, une batterie basse à l'Islet, une batterie basse à l'Arboulé, un château et une batterie à la pointe de Dinard, une grande batterie à La Cité et des fortifications à l'île du Talard [1].

Beaucoup de ces conseils ont été suivis et beaucoup des ouvrages indiqués, construits dans la suite [2]. Mais Saint-Sulpice alors parlait à des sourds. A part quelques changements de peu d'importance, les forts reçurent en 1701, et conservèrent jusqu'en 1713, l'armement de la guerre précédente [3].

1. SAINT-SULPICE A MARINE, mémoire du 25 juillet 1700, Arch. nat. *marine*, B³ 108.

2. La batterie basse du fort Royal exista dès 1734 ; en 1758, un fort régulier, le fort La Varde, remplaça la redoute de l'Arboulé, et des batteries modernes viennent d'être creusées à cette pointe ; en 1759, on bâtit la citadelle de La Cité, à l'endroit où Saint-Sulpice ne demandait qu'une batterie ; dans le siècle dernier, on commença, près du Talard, la caponnière de Rocabey et, à Dinard, on construisit la batterie du Moulinet ; Césembre possède actuellement plusieurs réduits et de puissantes batteries ; enfin une batterie est toujours en projet au Décollé.

3. SAINTE-MARIE ET GARENGEAU. Mémoire concernant l'état

Pendant les quarante années qui suivirent, l'art de la défense se perfectionna ou du moins varia grandement. Aux embrasures, qui affaiblissent le parapet et protègent mal les servants, succédait partout la barbette, qui, donnant plus d'amplitude au tir, permet de diminuer le nombre des canons. L'application à nos forts des théories nouvelles entraîna dans leur armement de notables modifications. On rendit à la Ville les pièces de 18 et de 24 que Vauban lui avait empruntées, pour ne conserver sur les batteries, dont on rasait les merlons, que les grosses pièces de 36 et de 48. En même temps, le mortier, pourtant si redoutable aux flottes, tombait en défaveur, cédait la place au canon. Le système des garnisons permanentes prévalait aussi sur les auxiliaires et les milices.

Théories et réformes qui expliquent bien pourquoi, durant la guerre de Sept-Ans, nous trouvons dans les forts moins de mortiers, moins de canons, mais des calibres plus puissants ; moins de canonniers gardes-côtes, plus de canonniers du roi.

D'après les mémoires du chevalier Mazin (1734) et du marquis de Caraman (1736), d'après l'inventaire

---

des batteries, etc., précité, p. 37. — SAINT-SULPICE A MARINE, lettre du 3 avril 1701, Arch. nat. *marine*, B³ 108. — L'EMPEREUR A MARINE, lettre du 6 juin 1706, Arch. nat. *marine*, B³ 135, et lettre du 22 avril 1708, B³ 157.

anonyme de 1759, chaque fort possédait, à cette époque, en artillerie et en garnison [1].

Fort Royal [2], seize canons de fer, en barbette, savoir : batterie haute, dix pièces de 36 ; batterie basse, six pièces de 48. Garnison, 100 canonniers et soldats,

Grand Bé, batterie avancée de six mortiers, pas de garnison à demeure.

La Conchée, quinze canons de fer : dix pièces de 36 en barbette, cinq pièces de 48 en casemates. Garnison, 150 canonniers et soldats, un aumônier des forts de mer,

Petit Bé, dix canons de fer : quatre pièces de 48 et six pièces de 36, partie en embrasures, partie en barbette. Garnison, 100 canonniers et soldats,

L'Ile Harbour, douze canons de fer, calibre 36, en barbette. Garnison, 100 canonniers et soldats, un aumônier des forts de mer.

La Varde, — ancienne redoute de l'Arboulé, devenue, en 1756, fort permanent avec escarpe et bastions maçonnés, — quatorze canons de fer : quatre pièces de 48 et quatre pièces de 24, en barbette, sur le front de mer ; six pièces de 4, en embrasures, sur le front de terre,

1. Voir p. 22, les titres et les cotes de ces documents.
2. Au XVIIIe siècle, le fort de l'Islet est généralement appelé *fort Royal*.

La Latte, neuf canons de fer : six pièces de 36 et trois pièces de 24, en barbette, sur le front de mer ; six petits canons de 1, dans les créneaux du front de terre.

Ce dernier armement de 1754-1759 changea très peu, s'il changea, pendant la guerre d'Amérique[1] et pendant les guerres de la Révolution et de l'Empire. Les rois disparus, leurs canons tonnèrent pour des maîtres nouveaux.

En 1792, un commissaire du gouvernement prit, au nom de l'État, possession de l'artillerie des forts.

Il n'y avait plus d'artillerie du Roi ; il n'y avait plus d'artillerie de la Ville ; il n'y avait plus d'artillerie de Saint-Malo.

---

1. Le 28 avril 1759, fut posée la première pierre de La Cité. Mais la construction de cette citadelle dura longtemps, et nous ne savons rien sur son artillerie avant 1591.

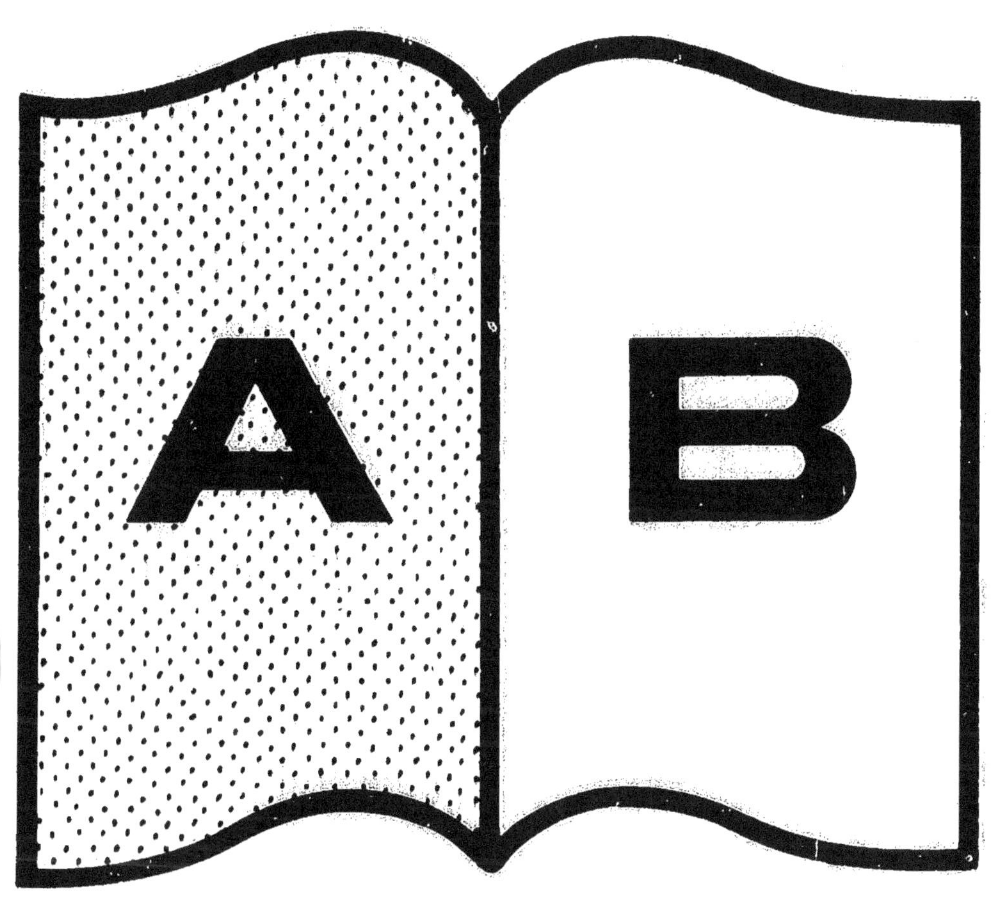

Contraste insuffisant

NF Z 43-120-14